Collection conçue et dirigée
par Claire Debru

Quand tout a été dit sans qu'il soit possible de tourner la page, écrire à l'autre devient la seule issue. Mais passer à l'acte est risqué. Ainsi, après avoir rédigé sa Lettre au père, *Kafka avait préféré la ranger dans un tiroir.*

Ecrire une lettre, une seule, c'est s'offrir le point final, s'affranchir d'une vieille histoire.

La collection « Les Affranchis » fait donc cette demande à ses auteurs : « Ecrivez la lettre que vous n'avez jamais écrite. »

Nicolas d'Estienne d'Orves

JE PARS
A L'ENTRACTE

les affranchis

NiL

ISBN 978-2-84111-540-2

« Mourir, c'est ce que tu pouvais faire de plus beau, de plus fort, de plus. »

Drieu La Rochelle,
Adieu à Gonzague

Avant-propos

Je suis aujourd'hui au beau milieu de l'Atlantique, sur l'un des plus grands paquebots du monde. Le thé refroidit sur sa tablette ; le soleil perce à travers la houle ; des *butlers* bengalis sautillent dans les couloirs ; mon pyjama bleu pâle est froissé par des nuits de roulis. Dans trois jours je serai à New York, ville que tu adorais. Mais pour l'instant je ne suis nulle part, suspendu entre deux mondes, dans les limbes de quelque purgatoire. Est-il plus belle façon de te parler, de te dire tout ce qui me ronge le cœur et l'âme depuis deux, depuis trente ans ?

N'essaye pas de m'interrompre, ça ne servirait à rien.

Tout ce que je te demande, c'est de m'écouter. Où que tu sois, dans le plein ou le vide, l'être ou le néant, le fromage ou le dessert, tu vas lire ces quelques mots. Je n'y dis rien de capital, rien de bien essentiel. Je ne fais que mettre les choses au point ; pour moi, surtout. Chacun a sa vision de toi ; la mienne ne prétend pas être exhaustive, encore moins objective. J'y dis des vérités qui nous concernent tous deux, et personne d'autre. Pendant des années je t'ai écouté, buvant tes mots, me saoulant de tes fulgurances ; à ton tour de me lire : ne t'inquiète pas, c'est l'affaire de quelques pages.

Nous nous devions bien ça.

A ma connaissance, c'est le premier courrier que je t'envoie. Lorsqu'on m'a proposé d'écrire une « lettre à quelqu'un », sur le modèle de la *Lettre au père* de Kafka, j'ai d'abord pensé : « Belle idée, mais à qui ? »

Ma mère ? Nous nous disons tout. Ma femme ? Elle lit jusqu'à mes silences. Mon père ? Nous avons fini par nous parler, à notre façon, bouffonne et maladroite. Mes ex ? Tout a été dit… Alors qui d'autre ? A mes amis je parle franchement et j'ai fini par détester le *small-talk* et autres bavardages mondains.

Quittons la sphère privée et tournons-nous vers le siècle : morne plaine. Désolé mais je n'ai rien à déclarer aux papes, présidents du monde, imams de tous poils, banquiers indélicats, infirmiers impulsifs, agents immobiliers affairistes, éboueurs encrassés, publicistes véreux, charcutiers somnambules, tripiers joviaux, confiseurs cancéreux et autres marchands de chiens. A personne, pétard de bois ! Et puis je n'allais pas écrire une lettre ouverte à Dieu : quelle banalité ! Tout le monde lui cause sans cesse, au Père Eternel ; chacun l'invoque, le provoque, le calomnie, l'encense. Il a suffisamment à faire, triste poulet.

Non, non, non ; je ne trouvais pas. Disons que je ne *voyais* pas.

Car un visage a fini par s'imposer. D'abord flou – c'est que je n'osais me l'avouer – il s'est révélé telle une photographie, avec l'œil perçant d'une mitraillette.

11

Mais oui, bien sûr ! A qui d'autre écrire une lettre ? A qui d'autre ouvrir mon cœur, moi qui rechigne tant au déballage ?

Pendant presque trente ans tu fus mon ami, mon semblable, l'autre moi-même. Puis tu es parti, envolé vers d'autres mondes, emportant avec toi les pièces d'un puzzle que jamais je n'eus le temps – ni le courage, ni l'envie, ni les couilles – de compléter.

Maintenant, il est trop tard.

C'est pourquoi vient le temps des mots.

Ami, j'ai décidé d'ouvrir ta boîte aux trésors. Ce qui en sortira ? Je ne sais pas encore. Mais je sais qu'il n'est qu'à toi que je puisse parler avec autant de passion, de tendresse, de sincérité, de revanche, de jalousie, de sourires, d'humour, de tristesse, de frustrations, d'honnêteté. Pour l'instant, je tourne encore autour, ne sachant par quel versant affronter ta montagne ? Ubac, adret ? Pas sûr. Creusons plutôt un tunnel à la façon d'un cratère pour remonter au sommet. Alors, décapsulant ton volcan de l'intérieur, peut-être arriverai-je à comprendre.

A *te* comprendre.

Nicolas.

Mon gars.

Mon ami.

Mon pote…

A quoi bon chercher, je n'ai jamais su comment t'appeler.

D'ailleurs, on ne s'appelait pas. On ne se touchait même jamais. Aucun contact, grands dieux ! Surtout aux temps adolescents. Nous avions trop de mépris – de haine ? – du corps, pour se laisser aller au moindre contact physique. Etait-ce de la frustration, de l'embarras, de la sincérité ? Etions-nous à ce point honteux de nos propres enveloppes pour nous nier l'un l'autre ? Sans jamais le formuler, je crois que toi et moi aspirions à n'être que purs esprits, à l'âge

15

où tout se développe : les glandes, les muqueuses, les désirs. Toi et moi portions pourtant sur le visage les stigmates de nos mutations (à la grande joie des dermatologues), mais ces cataractes pustuleuses n'existaient plus à côté de nos échanges verbaux et verbeux. Prétentieuse adolescence ? Sans doute, sans doute. Nous nous pensions au-dessus de tout. Nous ne le disions pas en mots clairs, mais cela suppurait de nos actes et choix. A l'âge où les jeunes gens s'ébrouent dans les soirées mondaines, manifestations sociales et autres fêtes à sexes mêlés, nous faisions la queue devant Pleyel, le Châtelet, le palais Garnier, la Cité de la Musique, pour entendre un concert de Boulez, Hans Hotter dans *Lulu*, Van Dam chez Berlioz, Pollini jouant Beethoven. Les cinémas du quartier Latin esquintaient nos fesses de jeans. A l'heure où nos semblables se grisaient de Besson et Spielberg, nous placions Bresson, Fellini, Pasolini, Tarkovski, Bergman, Antonioni et tant d'autres sur les neiges éternelles de nos engouements artistiques. Pourquoi lécher la pomme de quelque gourgandine en goguette quand on peut se gaver d'images fortes et de vraies musiques ? A quoi bon s'égarer dans de fades pulsions quand les hauteurs béantes de l'art nous ouvraient les bras ? Je le comprendrais plus tard, nous nous mentions à nous-mêmes ; ma timidité maladive et tes désirs contrariés se noyaient dans cette attitude commode et systématique. J'en serais bientôt au point de n'avouer à personne mes premières armes sexuelles, les considérant comme un péché contre l'esprit, une trahison ; au grand dam de la malheureuse élue de mes sens, qui devait passer huit mois cachée, clandestine forcée par mes étranges lubies, avant d'être discourtoisement congédiée car elle devenait encombrante.

C'est qu'il n'y avait nulle place pour autre que toi, mon ami.

Tu avalais mon oxygène, avant d'aspirer celui des autres. Tu devais respirer par mes poumons, comme si j'étais le filtre de toutes tes pensées. J'étais le goûteur du Calife, la bombonne du plongeur.

Pour moi, ce petit jeu a duré plus de vingt ans.

Vingt années étranges, fabuleuses, épuisantes, grandioses, hilarantes, tragiques, navrantes, piteuses, lumineuses, enrichissantes, humiliantes, émoustillantes et horripilantes. Bref : vingt années de vie à deux, bien que nous ne nous voyions presque plus durant le dernier lustre. Vingt années de ce qu'on résume par le vocable si restrictif d'*amitié*. Vingt années où tu fus plus que mon ami : mon double noir, mon effrayant modèle, la matrice de mes passions, de mes goûts, de mes rages.

Vingt ans, pétard !

Quand on grandit ensemble, on ne s'en rend pas compte.

On se contente d'avancer. Main dans la main, nous avons toi et moi traversé les derniers feux de l'enfance, l'hideuse adolescence et les premières gifles de l'âge d'homme. Nous avons, l'un dans l'autre – si je puis dire – dépucelé nos sensations : découverte du monde, des grands espaces, de la misère, du rire sous la lune ; déception devant nos proches, nos parents, nos idéaux, nos premiers engouements. Chacun cherchait dans l'autre la validation de ses intuitions. Tolérant, j'encensais les tiennes ; destructeur, tu assassinais mes goûts. Nul n'était à la fois plus généreux et intolérant que toi, plus tyrannique et ouvert. Nos liens étant essentiellement intellectuels, culturels, nous passions notre temps à échanger des idées, des titres, des références. Certains amis étaient épuisés par ces conversations-dictionnaires où nous dressions des listes : de films, d'opéras, de tableaux, de livres... Ou de gens à supprimer : ah, celle-là ! si je la publiais aujourd'hui, on rouvrirait pour nous Nuremberg, Riom, les procès de Moscou et les tribunaux d'Inquisition. Tu serais condamné à titre posthume ; et moi, je croupirais en geôle, hilare de cette niche. Mais hors des listes, dès que nous creusions, le dialogue virait à l'exposé et toi seul étais autorisé à théoriser. Lorsque j'avais moi-même quelques idées, quelque développement conceptuel, tu les mettais à bas avec une hargne de censeur. C'est peut-être pour ça que je me suis vite réfugié dans l'imaginaire et que je voue une telle méfiance à tout raisonnement né de mes propres intuitions.

« Tu n'es pas fait pour réfléchir, semblais-tu dire, ça, c'est mon boulot. » Moi, j'étais encore adolescent, in progress, avec un sentiment d'illégitimité générale qui me faisait toujours considérer les idées de l'autre comme supérieures aux miennes. Complexe commode : il m'évitait d'avoir à penser et je n'avais qu'à m'en remettre aux théories d'autrui ; c'est-à-dire aux tiennes, pendant des années. Depuis, je suis rétif à la politique, à l'engagement, à toute forme de revendication. J'en ai même fait un récit en 2005 : le *Bulletin blanc* est ma devise car je nage entre des eaux, naviguant d'une rivière l'autre sans jamais m'ancrer. On me reproche bien souvent cet attentisme pragmatique, qui fait de moi un mercenaire de l'imaginaire, un esprit indépendant ne s'attachant pas aux idées, encore moins aux concepts, mais aux gens, quitte à leur passer leurs défauts car ils sont mes amis, seule aristocratie admissible.

En un sens, par ton pouvoir de persuasion, tu m'as appris à être libre, camarade. Libre de mes idées, libre de mes propres trouilles. En tuant dans l'œuf toute velléité de réflexion, de théorie, tu as coupé ce qui pouvait me lier au sol de la pensée. Et c'est ainsi que je suis devenu romancier et créateur de monde… toi qui aurais tant voulu l'être, sans jamais le formuler, bien entendu. D'une certaine manière, en entretenant ce rapport purement littéraire, culturel, intellectuel, toi et moi devenions chacun le personnage du roman de l'autre. L'un des deux a fini par passer à l'acte. Pour une fois, c'était moi. Toi, tu as plongé autrement. J'y reviendrai. Mais c'est par cette relation minérale, asexuée, parfaitement spirituelle (non, je ne dirai pas *platonique*) que nous sommes chacun devenus l'image que l'autre en avait. Nous étions bien des figures imposées, les personnages d'un dialogue imaginaire qui s'interrompait lorsque nous regagnions la vraie vie. Mais quel était le monde réel, dans tout ça ? Celui qui renaissait veulement à nos yeux lorsque nous nous séparions ? Ou bien celui que nous bâtissions en arpentant les allées du Luxembourg, les jardins du Palais-Royal, les ruelles du Marais ?

Quoi qu'il en fût, ces pauses pouvaient être très douloureuses. Il fut un temps où nous ne pouvions passer plusieurs heures sans nous appeler. Je corrige : sans que je ne t'appelle. Tu étais de ces gens qui ne téléphonent pas mais s'offusquent qu'on ne leur fasse pas signe. L'ensemble du genre humain étant ton débiteur, il était normal que les relations fussent à sens unique. Mais je jouais le jeu, bon garçon, comme toujours. Et puis qu'étaient ces petites bassesses à côté de la gourmandise cannibale de nos échanges ?

Lorsqu'on se retrouvait, on avait un petit signe de reconnaissance, presque imperceptible, et puis on reprenait la conversation, fût-elle interrompue depuis une semaine, deux mois, une grosse année. Un film mis en pause éternelle.

A l'image de notre dernière conversation, en novembre 2006 : tu rentrais d'un éprouvant voyage au Brésil où tu étais parti à la rencontre de la misère. Compassion ? snobisme ? coquetterie ? pose ? sincérité ? Un peu de tout ça, j'imagine. On ne réduit pas un être à des archétypes (c'est bien pour ça que je tourne autour de ce texte depuis un an). Bref, tu revenais d'un mois aux Amériques du Sud où, me dis-tu, tu avais plongé dans les marigots les moins plaisants. Sitôt atterri à Orly, coup de téléphone : « Je ne sais pas où je vais dormir ce soir ; je peux passer une partie de l'après-midi chez toi ? »

Agacé mais habitué, j'avais dû rétorquer : « Ben oui, bien sûr ; passe, tu auras déjeuné ?… » Silence. J'ai aussitôt sorti de la nourriture. Curieusement, tu n'avais pas faim. D'habitude tu vidais mon frigo avec une morgue défiant toute remarque, l'air de dire : « Oui, j'ai faim ; non, je ne vais te faire l'aumône d'un remerciement. » Mais là, tu n'as rien voulu manger. Hors ça, tu étais le même. Comme les Indes ou les Italies, l'Amérique du Sud ne t'avait pas changé. Tout juste avait-elle conforté quelques douloureuses intuitions, enfournant une nouvelle pelletée de cendre sur ta vision des choses. Voilà plusieurs années que tu avais opté pour ce regard avide et noir. Cette lave des yeux qui scrutait le monde avec un mélange de passion, de hauteur, de crainte et de jalousie. Assis sur mon vilain canapé Ikea, tu as dévidé ton voyage avec un soulagement nauséeux. Etais-tu content de ce périple ? Pas vraiment, comme toujours. Mais tu insistais sur le fait que tu avais rencontré des gens jamais croisés par personne.

Qui donc ?

Bien vite la réponse était éludée dans une nuée de métaphores et de menaces : « Je ne peux pas encore en parler ; je ne sais même pas si je pourrai jamais ; j'ai promis de rester discret, secret... ce serait dangereux pour eux... comme pour moi. »

Cinéma ! Qui étaient ces gens : des maîtres ? Quelques « hommes remarquables » à la Gurdjieff ? Ou des divinités de backroom, croisées au détour d'une étreinte sans suite ? Je ne voulais pas savoir. Peu importait. Si elles avaient lieu, ces rencontres, chacune cimentait ta cathédrale intérieure, narcissique, à la façon d'une nouvelle voûte, d'une énième gargouille grimaçante d'ironie devant tes récits inavoués. L'essentiel était que tu eusses touché l'horizon, gravi le mont Analogue. Le toit du monde n'était pas un mythe et tu parcourais bien souvent l'Atlantide. Tel était ton terrain de jeu et d'entente. Toujours tu t'enfonçais là où nul n'avait jusqu'alors posé le pied ; fût-ce un étron ou une flaque. Ce besoin d'être pionnier. Cette obsession de ne rien faire comme tout le monde, quitte à te mettre au ban des choses. L'ère des Colomb, Vasco et autres Cook eût fait ton miel. Quel Livingstone tu aurais fait ! Mais le monde moderne n'a de sauvage que les

25

bassesses humaines et tu n'avais d'autre jungle que le Luxembourg, les bas-fonds de Brooklyn, les gay buissons des Tuileries et la forêt d'Ermenonville. On ne choisit pas son temps.

Bref, te voilà revenu de Rio et Buenos Aires. Nous ne nous étions pas vus depuis des mois, nous n'allions plus jamais nous croiser (du moins en actes ; les mots, je les pianote ici). Ta mine était grise mais un étrange apaisement flottait dans tes pupilles. Etait-ce de la lassitude, du soulagement ? Impossible à dire, mais cette tension atroce que tu imposais aux autres comme une prise d'otage semblait apaisée. En sommeil, disons. Etrange sentiment que tu avais fait le tour des choses, qu'une boucle était bouclée. Tu n'as rien dit de définitif, mais j'ai cru sentir des choses (tu sais bien que nous ne nous parlions pas : nous conversions, nous palabrions ; mais entre les répliques de ces dialogues infinis se nichaient les pépites de notre amitié, de notre affection, de cette passion débordante que nous avions pour les choses, la vie, les gens, nous-mêmes). Pourtant, par ce curieux après-midi de novembre 2006, ce bouillonnement intérieur semblait bien en sommeil. Etait-ce la première fois ? Sans doute. Disons qu'il y avait quelque chose d'étrangement adulte, de définitif dans cette sérénité. Devrais-je plutôt parler de lucidité ? Comme si le nomade allait se poser, le sédentaire succédant enfin au touareg. Tu es bientôt parti camper chez ton oncle Bertrand, taulier de toutes tes galères. Dans l'escalier, ton vieux sac crasseux juché sur tes épaules fatiguées, tu t'es retourné pour lancer ton inévitable « a-dieu ! » qui scandait nos départs. Je ne croyais pas si bien comprendre.

Deux mois plus tard : un coup de fil.

« Ça y est : Nicolas s'est suicidé. »

Avant de parler de ta mort, parlons d'une de ses causes : l'argent. Tu en étais obsédé. Tu vomissais le fric, ce « dieu visible selon Tolstoï » dont tu nous rebattais les oreilles. Tu n'en avais pas, criant toujours misère. Tu refusais d'en gagner, rechignant à t'abaisser à aussi basse besogne.

Gagner de l'argent ? Quelle horreur !

Lorsque nous étions étudiants, la pose fonctionnait à plein tube. « Nicolas est un pur, Nicolas est un sage. » Puis on grandit, on mûrit, on se laisse rattraper par son temps, par son siècle. Le principe de réalité se rappelle à notre bon souvenir et l'on se dit : « Allez, c'est mon tour maintenant. »

Alors on devient adulte et on bosse.

Pas toi. Jamais toi.

Petit à petit, moi, mes autres amis, on s'est tous mis à avoir des vies « normales ». Rangées, pourrait-on dire. Moi, j'ai commencé à griffonner dans la presse des notes de lecture insincères qui occupaient de pleines colonnes dans *Le Figaro littéraire*. Tu regardais la chose avec un œil sceptique, sans jamais toutefois te permettre une remarque frontale. Et puis j'ai toujours eu cette sacro-sainte trouille du melon. Si bien que j'avais tendance à relativiser mes productions : « Oui, c'est un petit papier de merde », « Oh, c'est rien, juste un article » alors que j'étais très fier d'avoir mon nom dans le journal, tout connement. Le journal, tu ne le lisais pas. Pas *Le Figaro*, en tous les cas. Je peux comprendre.

Mais la désinvolture avec laquelle je décrivais mes activités ne t'en agaçait que davantage. Pour moi, tout semblait si facile, si antitragique, alors que tu prenais la vie comme une épreuve, comme une journée constamment prométhéenne. Moi, je me laissais porter. Du moins j'en donnais l'impression (question de pudeur). Je suis de ceux qui se lèvent à 6 heures et pissent de la copie avant de donner l'illusion de tout faire en un claquement de doigt. C'était contraire à ton esthétique, ta philosophie. L'artiste doit en chier et le faire savoir. Le créateur doit souffrir, quitte à en crever. Mais je n'étais pas encore créateur, juste journaliste ; critique, même (toi qui m'as si bien appris à aiguiser mon sens critique ; alors que j'écrivais des papiers chaleureux sur des livres médiocres et pas lus. Quelle ironie !).

Et puis je suis passé dans l'autre camp, un beau jour, badaboum.

Sans avoir été comme toi frappé par la vocation, j'ai écrit un livre. A ma façon : désinvolte et un peu au hasard. Coup de bol, ça a plu (et puis je travaillais au *Figaro*, ce qui aidait). Lors, les livres se sont enquillés de façon joviale et incohérente, à la manière d'un permanent festival. Les signatures s'enchaînaient, les livres se télescopaient, et moi je m'amusais. Navré de le souligner, mais c'est le moment où tu as commencé de t'estomper. Chacun de ces livres, je te l'ai pieusement remis en main propre, avec une dédicace dans laquelle je prenais ma pudeur à bras-le-corps pour te dire des choses sincères et affectueuses. Chaque fois, tu le rangeais d'un air embarrassé dans ta besace et ne m'en touchais mot. Jamais. Je t'ai même dédié mon essai sur l'opéra, soulignant combien tu m'avais « ouvert à l'écoute ». La seule remarque qui a, quelque temps plus tard, fusé de tes lèvres, c'était qu'il fût un comble que j'eusse *moi* écrit ce livre, alors que tu m'avais en grosse partie initié à la musique. Parfaitement, et alors ? Après tout,

Socrate n'a rien écrit et Platon a planché pour sa postérité. Je sais, la comparaison est grotesque. Disons que toute ma passion pour la musique a été nourrie de nos échanges, de nos conversations (comme je t'ai nourri de ma passion première pour le cinéma, auquel tu étais d'abord peu sensible). Mais nous ne sommes pas là pour dresser de mesquins comptes d'apothicaire. Tout ce que je veux dire c'est que ces centaines, ces milliers de pages écrites pendant des années (articles d'abord, livres ensuite) t'étaient tout particulièrement destinées. Comme un père qu'on veut épater, une belle qu'on veut conquérir. Et rien : pas un mot ; une neutre indifférence. Que ce soit de la merde, j'en conviens ; que ça te bouffe le cœur de les lire, je l'admets tout autant ; que tu en baves de rage, pourquoi pas ? Mais pourquoi ne jamais m'avoir rien dit. Pas un mot. Même un regard équivoque et méprisant m'eût satisfait. Non. Rien. Rien du tout. Bien sûr, notre lâcheté est partagée. Jamais je ne t'ai frontalement demandé : « Alors, tu as lu ? » Pour moi, ç'aurait été trop violent. Comme un kidnapping moral. Je ne m'en sentais pas la force, comme je ne l'ai jamais d'ailleurs fait pour personne, car tu n'es pas le seul de mes amis à qui je remets scrupuleusement chacun de mes bouquins et qui ne m'en touche mot. Mais eux ça ne compte pas. Toi, si. Ça comptait. On avait trop longtemps parlé de littérature, d'art, de création, de pouvoir de l'imaginaire, de puissance du mot, de la musique des choses, des êtres et des vents pour ne pas au moins aborder une fois ce qui avait fini par sortir de ma tête. Je réalisai par les actes notre complicité intellectuelle et culturelle, alors que tout le monde t'attendait toi. Peut-être te volais-je quelque chose que tu ne te serais jamais abaissé à produire.

Certains de mes amis, à qui je m'en suis ouvert, ont dit que tu devais être jaloux. Ils ont sans doute raison.

Je t'ai trop longtemps mis sur un piédestal pour t'imaginer la proie d'un sentiment si maigre et plat. Mais oui, c'est possible : sans doute étais-tu jaloux.

Jaloux de quoi ? De mes histoires d'horreurs qui relèvent de la littérature de gare ? De ces romans pissés comme un robinet fuyant et publiés à la diable, chaque livre chassant le précédent ? Non point. Tu n'étais pas jaloux du fond, mais de l'acte. Je t'avais coiffé au poteau. Tu étais le maître, celui dont on attendait les oracles. Tu étais le jeune étudiant à qui la directrice de thèse avait dit : « Si vous finissez ce travail, ce sera un pas fondamental pour la pensée contemporaine. » Tu étais notre gourou à tous, la petite bande, mes amis devenus les tiens, et il nous semblait tellement évident qu'un jour ou l'autre tes paroles allaient se transformer en mots, couvrir une page, un livre, quelque essai juste et flamboyant, qui renverrait dos à dos Debord et Adorno, Schönberg et Stravinski. J'en étais plus que tout autre convaincu, puisque j'avais été ton Las Cases lorsque tu rédigeais ton mémoire de DEA, plan de cette thèse que jamais tu n'achevas. Assis à mon ordinateur, en bon greffier, je t'écoutais dévider tes concepts avec une admiration béate. Observer une pensée en mouvement est aussi spectaculaire qu'un cyclone ou une avalanche. Nous étions assis dans la cuisine de ma maison américaine, et je prenais note de tes idées, qui s'enchaînaient avec une logique implacable et pourtant inédite. Ta connaissance de l'univers musical, pictural, cinématographique et littéraire te poussait à des rapprochements géniaux, des collusions effarantes, de prodigieuses coïncidences. Et moi, bon gars, je notais.

En septembre, ta prof a lancé son oracle sur ta révolution de la pensée contemporaine. Ecrasé par la prédiction, tu as commencé ta thèse. Début de la catastrophe, de l'impuissance. La vie de tes journées à dater de cette funeste prophétie ? Une fuite en avant, une diversion permanente.

Je te retrouvais dans la rue, en terrasse d'un café, devant un cinéma.

« Mais tu fais quoi, là ? Tu bosses ?

— J'écris ma thèse ! répondais-tu, agressif, comme si j'entrouvrais une plaie chaque jour plus douloureuse.

— Et tu as déjà combien de pages ? »
Silence.

« Ça ne se compte pas en pages ; ma
thèse, je la vis. »

Ben voyons...

Quelques années plus tard, ta seule
publication sera un (remarquable) *Petit
Futé* sur La Sicile. Si on le lit entre les
lignes, tu y es tout entier, ami. Çà et là
on trouve des références à Homère, à
Pasolini. Mais comme « pas fondamental », ça ne pèse pas lourd.

Est-ce donc pour ça que tu n'assumais pas que ton plus vieux pote, l'autre
Nicolas, ton plus-que-frère, ait osé publier
– qui plus est du « genre », du polar, du
gore – quand tu n'avais pas accouché
d'un seul mot ?

Que s'est-il donc passé ? Lentement,
tu t'es fermé. Toutes tes « créations »
relevaient du secret.

Tu t'es mis à faire de la photo. Mais
ces photos, on ne les voyait pas. Ou
presque jamais. Tu avais toujours une
bonne raison de ne pas travailler. D'abord

le manque d'argent (tes parents t'en don-
naient pourtant, juste assez pour te garder la tête hors de l'eau, pas assez pour te
libérer de leur aide). Mais tu vivais avec
rien. Des galetas sordides, sous-meublés,
crasseux, avec tes livres, tes disques et tes
vidéos. Une plaque chauffante, une vieille
casserole, des pâtes rances, un mol avocat,
de l'huile d'olive ; et basta ! Une vie d'as-
cète, mon ami. Un styliste, un vrai. Une
fois de plus, tu t'étais trompé d'époque.
Disons qu'en jouant les ermites urbains,
Cioran et Cossery ont pondu des livres
mémorables. Toi, tu te complaisais dans
tes impuissances. Petit à petit, à chaque
fois qu'on se voyait, je n'osais plus demander : « Ça va ? », car la réponse tombait sous le sens. De même, tu n'osais
plus venir aux fêtes et soirées que je faisais souvent à la maison, car les vieux de
la vieille, heureux de te retrouver, bra-
maient l'un après l'autre : « Ah ben ça
fait longtemps ? Où en es-tu ? »

Question atroce ! Kidnapping, une fois
de plus. Pire : un viol.

Où tu en étais ? Mais nulle part, bien entendu ! Au même endroit. Au point mort, depuis des mois, des années.

Comment affronter ça ? Comment l'admettre ? Comment répondre à tous ceux qui furent tes amis sincères, qui ont bu tes paroles, ri à tes blagues, que tu ne devenais rien. Ta vie n'avait pas bougé d'un angström. Une pierre. Un caillou. Rien n'y poussait. Pas même un vague lichen. Tu étais devenu minéral.

Et s'ils creusaient, « Mais raconte, un peu », tu te lançais dans le navrant tableau de tes problèmes de santé, désespérément psychosomatiques.

« J'ai des acouphènes. »

Ces bruits qui ravageaient tes oreilles, ton cerveau, ta vie, étaient devenus l'excuse inexpugnable de toutes tes impotences. Ils t'empêchaient de lire, d'écrire, d'écouter de la musique. Tu devais vivre dans le bruit, dormir avec un robinet coulant ; tout silence t'était souffrance. Tes nuits viraient au calvaire. Le visage hâve, creusé, vidé, tu ne dormais plus, traînant tes furies auriculaires comme Œdipe sur les routes de Thèbes.

Des médecins, tu en as vu des dizaines. En France et même en Belgique. Tous avaient des théories, des idées, des vues bien à eux. Ce sont les acouphènes qui étaient bien à toi. Tu ne voulais pas les lâcher ! Ils étaient ta création, tes enfants. Pas question de les laisser s'envoler, dussent-ils te réduire à néant. Et lorsqu'on suggérait : « Vous ne voulez pas essayer des antidépresseurs ? » tu répondais, furieux, atrocement couard et lucide : « Je ne suis pas déprimé, je suis malade. » Quelle différence ?

Plus tard, tu t'y es pourtant mis. Tu as accepté de prendre des pilules, tu as commencé une psychanalyse. Miracle, les acouphènes ont disparu. Plouf !

Pas si compliqué, en fait.

Mais ça ne réglait pas le problème de la thèse, ni du reste.

A la limite, ce travail universitaire était devenu un projet lointain. Plus personne n'osait même l'évoquer devant toi. Une nouvelle omerta, un nouveau fantôme dans nos relations.

Maintenant, il te fallait une seule chose : de l'argent.

Du boulot ? Mes amis et moi avons tous essayé de t'en trouver. Au *Figaro*, des camarades se sont cassé le cul pour te présenter à certains chefs de service qui avaient besoin de photographies. Mais comme jamais tu ne nous les montrais, on pouvait difficilement juger sur pièce. Quand bien même, on créait des contacts.

Peine perdue... Quelques semaines plus tard, le journaliste nous rappelait, furieux : « C'est qui ce type que vous m'avez envoyé ? Il m'envoie des mails hystériques et maintenant il me menace d'un procès si je ne lui réponds pas ! »

J'exagère à peine.

Et que dire de cette amie de ma mère, productrice de cinéma, à qui on a voulu te confier pour que tu sois photographe de plateau ? Tu es arrivé devant elle, agressif, hautain, expliquant que si tu travaillais pour elle c'est parce que tu étais aux abois. Irritée, elle n'a pas donné suite.

Alors tu l'as harcelée de mails, de menaces, de coups de gueule. Et tu nous en as voulu. A tous : moi, ma mère, certains amis. Nous aurions dû nous brouiller avec cette femme qui n'avait pas fait allégeance à ton génie et avait osé te remettre à ta place.

Une fois de plus, le principe de réalité t'était inconnu.

A la suite de cet esclandre, pendant six mois tu ne m'as pas donné signe de vie. Et lorsque tu daignais répondre, tu étais glacial, lointain. J'avais de tes nouvelles par Evelyne, ta meilleure amie et compagne d'infortune : elle me disait d'une voix peinée combien tu souffrais, combien le monde était cruel avec toi, combien tu étais persécuté. Persécuté mon cul : un martyr de supérette ! Dans ton cas, on trouve toujours de quoi s'en sortir. Et tu n'étais ni clochard, ni clandestin, ni lépreux, ni touché par aucune autre de ces avanies que tu allais contempler au bout du monde.

Ecrivant ces mots, je comprends à l'instant pourquoi, dans tes voyages, tu

allais systématiquement renifler la misère
et la fange. Ce n'était pas pour te rassu-
rer de ta condition de petit Occidental
bourgeois et catholique ; *c'est parce que
tu les enviais.* Oui, sincèrement. Tu en
crevais de ne pas crever. Tu te labourais
les entrailles de ne pas mourir dans la
misère, d'être un provincial nourri au
lait frais, de ne pas être à la hauteur de
ton malheur intime. Rien ne te frap-
pait : nulle malédiction, aucune infec-
tion. Tu aurais tant voulu avoir une
destinée digne de la tragédie de ces
hommes, de ces femmes, qui mouraient
dans les bidonvilles de Calcutta et de
Bénarès. Mais non, tu as toujours été
du bon côté de la barrière ; et ça, tu ne
l'as jamais accepté. Car une fois de plus
ça te renvoyait à la gueule tes impuissances, ta paresse, ta mollesse. Tu aurais
rêvé d'être foudroyé par une maladie
atroce, un accident monstrueux, un
tsunami, que sais-je. Mais tu restais en
pied, parfaitement sain, cherchant dans
ton imagination les maux que tu ne
parvenais pas à attraper dans le monde

réel. Tu n'en revenais pas d'aller si mal et en même temps si bien. La seule chose qui te manquait ? De l'argent. Et ce n'est même pas une maladie ! Merde alors !

Tu avouais clairement rêver d'un mécène fantôme qui te ferait un virement mensuel, financerait tous tes rêves et ne demanderait rien en retour. A ton sens, tout argent était un dû envers ton génie incompris. Hélas, cette lubie avait deux noms : immaturité et impuissance. La première se corrige. On meurt de la seconde, en l'affrontant de la pire façon : le suicide.

A partir d'un certain moment, toute ta vie fut un effet d'annonce. Englué dans tes ambitions et ta paresse, tu étais figé. Terrifié par tes ailes de géant. Baudelaire a tout compris et les albatros pullulent. L'argent n'était qu'un prétexte, mais il tournait à l'obsession. Qui en a ? Et pourquoi ? « De quel droit ? » (ton expression favorite). Devions-nous avoir honte d'en avoir ? Encore plus d'en gagner ? « Et moi, pourquoi

n'en ai-je pas ? » semblais-tu gromme-
ler, en toute circonstance.

J'ai rarement connu quelqu'un qui
conjuguât à ce point la générosité intellectuelle et la pingrerie matérielle. Une
fois de plus, je ne veux pas jouer les
mesquins, mais la comparaison me paraît éloquente. En trente ans d'amitié,
j'ai pris deux repas chez toi alors que tu
as littéralement vécu chez moi. Week-
ends, vacances, nous ne nous quittions
pas (du moins au début). Sitôt rentré de
pension, le vendredi soir, je décrochais
mon téléphone, tombais sur ton petit
frère : « Je peux parler à Nicolas ? »,
« D'accord ! » Une heure plus tard tu
sonnais à ma porte. Pour ma mère et
mon beau-père, la chose allait de soi.
Pour mon frère, c'était une évidence. A
tous les repas, ta place était mise. Chaque
vacance, tu étais celui que j'invitais en
premier. Il fallait alors que tu entres dans
d'odieuses négociations avec ta mère (du
moins me les présentais-tu ainsi) puis tu finissais toujours par passer ta vie dans
mon orbite – orbite, il est vrai, très

confortable. Mais pourquoi ce besoin de masquer à ce point ta famille, de la nier ? Comme si tu étais apparu ex nihilo, comme si tu n'avais pas de racines, d'origines. Comme si tu étais l'Adam d'une nouvelle ère. Avais-tu honte de ton monde par rapport au mien ? Ils étaient pourtant très proches : même bourgeoisie provinciale, mêmes écoles, mêmes communions. Y avait-il toujours, larvée, cette idée de comparaison, d'humiliation imprononçable ? Etait-ce une gêne de ta famille, de tes parents ? Souffrais-tu de leur ressembler physiquement à ce point ? Je me rappellerai toujours cette rare fois où tu nous avais invités chez toi, avec François – un autre ami de pension que tu phagocyterais un jour, lui aussi. Brusquement, ta mère avait surgi dans le jardin en vociférant. Au lieu de lui répondre ou de nous présenter, tu l'avais désignée comme on montre un chien, un arbre, précisant d'une voix goguenarde mais embarrassée : « Vous avez vu la chance que j'ai ? »

Curieusement, dans les derniers mois de ta vie, tu es revenu sur ce mépris de tes origines. Au contraire, conjointement à cette psychanalyse qui te forçait à explorer tes racines, tu t'es passionné pour la généalogie et les illustrations familiales. Jamais je ne t'avais connu aussi disert au sujet de tes proches. Tu venais de temps à autre sur mon canapé et tu parlais, parlais. Et moi j'écoutais, psy malgré moi. Tu évoquais tes ancêtres, combien ils étaient riches et puissants sous Napoléon III et la Troisième République. Tu me rappelais que tu descendais du peintre académique Cabanel et du compositeur Gounod (deux esthétiques que tu haïssais et que j'ai toujours affectionnées, entre nous soit dit). Tu tentais même de m'éblouir en m'expliquant que cette belle société s'épousait à la Madeleine, avec toutes les huiles du temps. Etrangement, dans ces récits, tu perdais toute ironie et te montrais réellement passionné par ces ancêtres. Je sentais surtout une sorte de revanche larvée, comme si je t'avais insulté pendant toutes ces années avec mon beau nom, mes belles maisons, ma gentille famille, mes divines retraites de vacances (château toulousain, mas provençal, île canadienne), alors que tu ne m'avais invité qu'une fois dans la propriété de ta mère, dans la Drôme. Enfin maintenant ça fait deux, puisque je t'y ai enterré. Comme quoi tout rentre dans l'ordre : maintenant c'est toi qui reçois.

Ta vie fut un foutoir, mais tu as su bien mourir.

Je l'ai dit : ta mort, nous allons y venir. Parlons quand même de son frère ennemi, l'humour.

S'il est une chose qui s'est lentement estompée avec les années, c'est bien ton sens de l'humour. Tu étais le plus drôle de mes amis. Les gens pleuraient de rire à t'entendre. Tu avais ce talent étrange et ravageur qui te faisait garder un calme olympien dans les situations les plus croquignolettes. Pendant des années, nous avons arpenté les rues de notre petite cité de l'Oise, puis de Paris, avec un camés-cope. Au lieu de paraphraser bêtement nos maîtres visuels, nous pratiquions un « cinéma vérité », sans aucune prétention et parfaitement déjanté. Ce n'était pas de la caméra cachée mais plutôt du Lafesse avant l'heure. Nous apprenions la mort de Kurosawa à des touristes japonais ; nous explorions les tréfonds du badaud, avide de parler à l'objectif s'il pouvait – un jour ? – passer à la télé ; nous harce-lions les vieux, les jeunes, les curés, les motards, les commerçants ; l'humanité entière (enfin presque, restons modestes) passait à la moulinette de nos inspira-tions dominicales, qui nous propulsaient dans la rue, en quête de la perle. Et que dire de cette « marche pour la vie », en janvier 1995 ? C'est sans doute notre der-nier film. Après ça, tu n'as plus voulu te prêter au jeu. Roycos en chèche, inté-gristes en Barbour et autres jeannettes d'Europe au mollet poilu arpentaient le boulevard Saint-Germain pour « lutter contre l'avortement ». Vingt dieux la belle occasion ! Tu t'es jeté sur eux avec une avidité de roi nègre, chantant le rosaire, les *ave*, clamant « Vive le roi ! », caressant les perruques, outrageant les chaisières. Ce film, je l'ai retrouvé. Je l'ai même gravé sur DVD espérant – un temps – le rendre immortel. Mais j'en ai des dizaines d'heures, sur presque quinze ans. Il y a aussi ces doublages, façon Bouchitey. Le sommet restant la prodigieuse triade *Les Dents de la mer-L'Exorciste-*film porno. Trois doublages réalisés le même jour, dans ma chambrette du Palais-Royal, avec notre ami Clément. Ça n'a jamais fait rire que nous, mais c'est drôle à pleurer. La bimbo poissée de sperme qui médite sur Jankélévitch tandis que sa consœur, en pleine sodomie, songe à prendre le bus 22 pour soutenir son mémoire de maîtrise en Sorbonne. Y a-t-il un sous-texte à ces décharges ?

Ces films, bientôt, tu n'as plus voulu en entendre parler. Le seul fait que je les garde t'insultait. Tu aurais voulu les détruire. Tu rêvais qu'ils n'eussent jamais existé, car ils étaient si peu en phase avec celui que tu avais décidé de devenir, malgré toi, malgré tout. Les rares fois où tu me présentais tes propres amis, je ne pouvais me retenir d'en parler. Bien entendu, ils réclamaient de voir ces cassettes. Déjà tu blêmissais. Et après s'être longuement bidonnés, ils te regardaient, surpris et heureux : « On ne te connaissait pas comme ça. »

Toi, tu aurais voulu disparaître. Curieusement, tu ne me scrutais pas avec haine. Tu fuyais juste mon regard, car tu savais que j'avais eu raison de leur montrer ça, de leur exhiber l'autre Nicolas – le vrai ? le faux ? qu'importe : c'était toi. Tu n'assumais plus ton côté clownesque, cet extravagant talent comique, antithéâtral et d'une absolue vérité. Ce sens de la repartie. Ce génie de l'improvisation qui avait fait de toi le champion toute catégorie du canular téléphonique. Encore un talent que tu avais fini par récuser. Rappelle-toi pourtant ces nuits entières passées devant un téléphone à haut-parleur, à l'époque bénie où les numéros ne s'affichaient pas. Souviens-toi de ces soirées où tu irradiais d'humour, entouré d'une assistance béate qui célébrait tes boutades. Ces jours-là tu étais la star, le phare, ce que tout en toi aspirait à être, tant tu étais fait pour la lumière, le feu des projecteurs. Mais pas en clown, non, non, non ! Tu voulais être un tragique, un prophète. Surtout pas un amuseur. Erreur de casting, ami. Tu étais fait pour la radio, la télévision. Tout ce que tu vomissais. Tu étais fait pour l'improvisation à chaud, le journalisme inquisiteur, la question qui tue. Tu avais la noirceur d'un Desproges, l'agressivité d'un Baffie, la repartie d'un Lafesse, la folie d'un Serrault. Le comique est pourtant le premier pas vers l'abîme, mais tu avais fini par l'oublier. Aux orties, nos soirées de folies cocasses. Aux oubliettes, nos fous rires infinis sous la lune, nos danses comiques dans les rues de New York où nous escaladions les poubelles pour pisser sur le trottoir. Effacés, nos départ en *live* avec l'ami Clément, où nul ne pouvait suivre : brutalement, la machine s'emballait, on parlait de plus en plus vite, Hegel se prénommait Jean-Michel, Fabienne Egal voisinait avec Antonioni, Jean-Daniel Flaysaquier tutoyait Anton Webern… Malgré le fourre-tout, c'était parfaitement cohérent, d'une rigueur arithmétique, comme une partition dodécaphonique.

Mais non, ça ne pouvait pas durer. Cette image de potache était trop adolescente pour celui qui s'est toujours voulu adulte. Absolu paradoxe : tu as voulu devenir sérieux, intellectuellement respectable. Refus de cette facilité ? Tu avais besoin d'aimer les tragiques : Pasolini, Joyce, Dostoïevski, Tarkovski, Bergman. Tu refusais ton propre humour. A la fin, tu étais toujours en noir, portant par avance ton propre deuil.

Mais pourquoi, bon dieu ? A quoi bon nier cette part de toi-même, comme tu as fini par nier tout ce que tu étais au fond de toi, jusqu'à l'effacement absolu, complet ? Jusqu'à la mort. Pourquoi pousser la haine de soi à ce point de non-retour ? Je n'ai pas la réponse, bien sûr, mais j'ai le droit de m'interroger. C'est le seul droit qui me reste, face à ton silence. Ce silence qui avait commencé bien avant le suicide. Un silence jusque dans tes paroles, qui peu à peu se mirent à sonner creux, ou faux.

Pendant des années, je l'ai dit, il suffisait de nous retrouver pour reprendre une conversation interrompue, fût-elle lointaine. Peu à peu, nous avons commencé à ramer. La mécanique semblait enrayée ; il y fallait une vidange, une révision. Mais cette révision, il faut être deux pour la faire. J'étais pourtant seul à remonter la pente, laborieusement, sans que tu m'aides. Je remplissais les blancs, je meublais. Toi, tu ne disais rien. Tout juste ton regard gêné, de plus en plus transparent, impénétrable, fuyait-il le mien. L'amitié est une chose bien étrange. Moi, je m'accrochais. Je n'allais pas laisser des années de complicité s'enliser dans des non-dits, dans une nuée indicible et inconnaissable qui prenait sa source je ne savais où.

Là, c'est moi qui deviens hypocrite. Lorsque je dis « je ne savais où » c'est faux. Du moins en partie. Et nous sommes tous deux fautifs, toi et moi.

Il y a toujours eu ce trou noir, dans notre complicité. Ce spectre étrange, que nous avons fini par oublier, mais qui nous a poignardés dans le dos, de la plus maussade façon.

Le sujet que nous n'avons jamais abordé ? L'amour et tout ce qui s'ensuit : le sexe, ses déconvenues, ses pulsions, ses angoisses, ses contrariétés.

Adolescent, nous passions notre temps libre l'un avec l'autre. Il n'était donc pas question de bagatelle et autres romances. C'était tout simplement une chose qui ne nous intéressait pas. Nous naviguions dans d'autres sphères et aspirions à des esclavages moins corporels. Du moins est-ce ainsi que nous nous mentions l'un l'autre. Etais-je intéressé par les joies du corps ? Bien entendu. Mais j'étais trop timide, trop complexé par ma tête d'ampoule et ma voix de crécelle (en pension, on me surnommait « la gonze ») pour ne serait-ce qu'espérer attirer le regard d'une quelconque donzelle. Je me persuadais que j'étais hideux et préférais me complaire dans la posture de l'ado cynique et vachard, qui se protège des plaies du cœur en raillant celles des autres. Tous mes potes « sortaient » avec des filles. Moi, j'écoutais leurs histoires avec un air dégagé (et un poil d'envie, c'est vrai, car si elles leur faisaient ce que je voyais sur Canal+ à minuit un soir par mois dès l'âge de douze ans, ça devait valoir son pesant de nougat !) et je ne m'impliquais pas. « Oh, moi, tu sais, les filles ! » « Et ton copain Nicolas, il en est où de ce côté-là ? » A cette question je haussais les épaules, toujours désinvolte : « Comme moi : on a quand même mieux à faire… »

Réponse en pirouette, qui ne m'empêchait pas de me demander : « C'est vrai, après tout ; il en est où, lui ? »

Car jamais nous n'en avions parlé ; et jamais nous n'allions le faire.

Tout juste un jour, des années plus tard, terrassé par une peine de cœur, je t'avais demandé ton avis. Pour la première fois tu m'avais parlé de façon posée et pragmatique, remarquablement lucide. Etait-ce en connaissance de cause ?

Je ne le saurai jamais. Mais les phrases sim-
plissimes que tu me dis ce jour-là suffirent
à panser mes plaies. Etrange sagesse, pro-
fonde maturité. Ce que tu m'expliquais
tombait sous le sens, mais ça ne m'était jamais venu à l'esprit. Brutalement, tout prenait une hauteur et une dimension que je
ne m'étais pas autorisées jusqu'alors. Et
j'allais mieux ; beaucoup mieux ! Surtout,
j'avais senti en toi une étrange satisfaction,
un profond soulagement à – enfin ! – parler avec moi de ces choses que toujours
nous éludions. Jamais je ne t'avais demandé : « Et toi, tu es attiré par des
filles ? Tu as des copines ? » Les mots
filles, copines, me semblaient si médiocres, si incroyablement puérils. Et puis ça
m'embarrassait. Comme si je risquais de
te pousser au bord d'un gouffre. Je com-
prenais bien qu'il y avait là terrain miné,
que rien n'était plus délicat que ces non-
dits, ces paroles à demi-mot, ces regards.
Tu n'étais pas eunuque, Nicolas. Tu
n'étais pas pur esprit. Tes modèles aspi-
raient à l'être – Glenn Gould en premier –,
mais tu étais trop fasciné par Pasolini

pour ne pas te ronger de fantômes intérieurs. Dès l'âge de treize ans, tu avais découvert les souffrances de Dirk Bogarde, perdu dans les traboules de la Sérénissime en quête de Tazio ; ce film t'obsédait, comme toute la personnalité de Visconti. Tu te serais voulu le Louis II d'Helmut Berger, avec la pureté du Ninetto Davoli des *Mille et Une nuits* de Pier Paolo. Proust avait été la grande révélation. Une nuit entière, dans le château de mon père, en pays cathare, tu m'avais raconté *La Recherche*, avec une flamme, un engouement que je t'avais rarement connus. Tu semblais trouver dans le narrateur un double, un aîné. Du petit Marcel au petit Nicolas il n'y avait qu'un dessin, que quelques phrases. Et hop, tu entrais en cathédrale ! Petit à petit, tous tes goûts dressaient le portrait en creux – ou chinois – de ta réalité intérieure. Etait-ce une façon de me dire qui tu étais ? Je ne pense pas. Je n'avais qu'à demander. Je n'avais qu'à te passer à la question. Mais jamais je n'en eus le courage. Lâcheté ? Sans doute. Pudeur, aussi. On se connaissait trop pour se baigner dans la sincérité. Un peu comme parler cul avec ses parents, leur demander de décrire un orgasme.

Pas facile.

La réalité de tes pulsions, je ne la connaîtrais que plus tard, des années après. Un de mes amis t'avait croisé par hasard dans un lieu de rencontre du Marais. Dès le lendemain il m'appelle : « Tu sais sur qui je suis tombé hier soir ? »

Et voilà, c'était dit. Je n'ai pas été choqué. Encore moins surpris. Je ne t'en ai même pas voulu de ne jamais m'avoir rien dit. C'était à la fois trop simple et trop dur. Aussi dur que la vie elle-même, j'imagine. Que *ta* vie. Une vie de silence, de refoulements, d'extases cachées, de bonheurs secrets.

Y avait-il du bonheur dans ces passes clandestines, ces étreintes rapides, sans suite ? Sans doute. Un bonheur glacé, douloureux, fulgurant. Tout ce que tu éprouvais dans les livres, les films et la musique. Un bonheur esthétique, j'imagine. Antiroutine, contre-bourgeois. Un bonheur à l'image du personnage de poète maudit que tu t'étais construit à la longue, avec une obstination de rongeur.

Bien sûr, j'aurais pu t'appeler. Te dire, d'un ton grivois : « Dis donc, tu sais ce que j'ai appris, cachottier ? »

Mais non. Quelle vulgarité ! J'aurais une fois de plus l'impression de te pousser dans le vide. Est-ce pour te protéger que je n'ai rien dit ? Ou pour m'éviter de t'entendre me répondre : « Maintenant tu sais… » Est-ce pour te garder intact et désincarné, fidèle à l'image de nos enfances ? Est-ce pour te confire dans ta pureté asexuée que je ne t'ai rien avoué ? Sans doute. Pour ça et pour beaucoup d'autres raisons. Je crois que je n'osais pas, voilà tout.

Pourtant, tu as fini par savoir que je savais. Le téléphone arabe a rempli son office et tu as compris que ton secret n'en était plus un. Les derniers temps, il y eut même un soulagement dans ton regard. Ce secret défloré mais inviolé, su mais non dit, nous plaçait dans une situation intermédiaire mais assez confortable, qui nous permettait de pratiquer l'allusion, le clin d'œil, la grivoise référence, sans pour autant jamais nommer l'objet du délit. Une fois de plus, entre nous, tout était implicite.

Et puis ça te regardait, après tout. Si tu avais choisi à ce point l'isolement, ce n'était pas à moi de t'en arracher.

La sexualité de mon ami ? Je ne sais pas. Enfin si, je sais, maintenant (mais pas question d'écrire en toutes lettres ce qui n'a jamais été dit !). Alors tout paraît si simple ; aussi simple que la mort, à vrai dire. Aussi simple que sa mort.

Aussi simple que *ta* mort, mon ami.

Car tu es mort : enfin, quel soulagement ! Bravo ! Champagne ! Noël ! Il était temps ! Voilà des années que tu nous devais ce sacrifice, des années que j'attendais ce coup de fil, le redoutant d'abord, l'espérant bientôt, puis l'appelant de tous mes vœux. Ce que j'écris là n'a rien de cruel. D'une certaine manière, voilà ton acte le plus cohérent, le plus logique. Depuis des années tu nous menaçais, sur un ton de moins en moins potache : « Un jour, vous me retrouverez mort. » Dont acte. Enfin tu menais à terme un projet, enfin tu « donnais suite ». L'impuissance globale de toute ta vie, de tous tes engagements, recevait ton poing dans sa gueule ! Il était temps, pétard de bois ! Après nous avoir vomi ta factice indépendance d'esprit et de moyens, tu nous crachais enfin ta liberté au visage. Et de plus belle façon. Envolé, l'ami. Disparu. *Décédé*, comme disent les moches. Pfuit ! Tu en parlais depuis toujours, comme une douce menace ; mais la boutade s'est muée en ironie, l'ironie en amertume, l'amertume en mode de vie, le mode de vie en menace. Et pan ! Plus rien. De la bidoche. Un quartier de barbaque déjà bouffé aux vers. Tu nous devais d'ailleurs bien ce dernier pied de nez : non content d'absorber un plein seau d'anxiolytiques, tu as eu la délicatesse de tous nous prendre par surprise. Tu n'étais pas dans une période abyssale. Il n'y avait pas eu de drame récent dans ta vie publique (je dis publique, car l'autre, qui la connaissait *vraiment* ?). Tout semblait s'apaiser, comme notre dernière rencontre, en novembre ; comme ces derniers mois, où tu avais décidé de prendre en main ton inconscient, forçant les reins de tes fantômes au risque d'y perdre l'âme. La psychanalyse était faite pour toi car elle te donnait l'illusion de mener le bal ; illusion dont tu étais conscient, mais tu jouais le jeu, indécrottablement comédien, toi qui haïssais plus que tout le théâtre. Tes spectres semblaient presque domestiqués ; au lieu de les fuir, voilà que tu les affrontais, leur fourrant ta bite au cul pour mieux les vider de leur substance. Ce qu'on appelle un lavement. C'était un plaisir de te voir renaître jour après jour, car tu arrivais enfin à nommer tes hantises. Oh, bien sûr, il en est une que jamais tu n'abordais tant elle était indicible, mais sa présence devenait si évidente, si tacite, qu'il s'en fût fallu de peu pour que tu l'écrivisses en lettres rouges sur toutes les rames de métro. Et pourtant tu nous as pris de court. On te croyait guéri, ce n'était que rémission. A moins que la guérison suprême fût cette sublimation de toi-même. Après tout, tu haïssais l'esclavage du corps. Du tien, toujours en bonne santé, tu tirais des trésors d'hypocondrie. Jamais en reste de maladies, tu t'inventais des maux en vrac, qui devenaient peu à peu ta raison sociale : sidéen putatif, permanent grippé, esclave des acouphènes... Chacune de ces avanies corporelles venait contredire ton excellente constitution. L'homme doit être malade ou ne pas être. A défaut d'être infecté, tu as décidé de ne plus être. Dont acte, une fois de plus. Charogne, va ! Oui : charogne, putréfaction, pourriture.

Lorsque ton frère a ouvert l'appartement, il a été saisi par ton ultime fumet. Joli parfum, pour un dernier adieu.

Guerlain, Hermès, Chanel, Dior et consort peuvent toujours aller se brosser pour atteindre aussi forte fragrance.

Voilà trois semaines que ton corps attendait. Toi, toujours en retard, tu étais « très avancé ». Terme atroce mais parlant ! Si les vautours du Jardin des Plantes pouvaient s'échapper, ils auraient brisé ta fenêtre pour picorer ton ventre. Un à un, tes viscères auraient disparu dans leur bec puant. Prométhée n'a qu'à bien se tenir, dans cette chambre funèbre nue et lourde de tant de douleurs joyeuses. Ces bibliothèques pleines de livres salis par trop de lectures. Joyce, Proust, Adorno, Debord, Hegel, Dostoïevski... Ces CD rayés, usés à la corde : Bach, Nono, Beethoven, Wagner, Boulez, Webern, Monk, Mingus, Jobim... Cette télévision posée à même le sol, près d'un matelas crasseux et d'une couette jamais lavée.

Oh, bien sûr, je ne l'ai pas vue, cette chambre. Je la recrée à ma façon : quelque pièce de roman. Un lieu symbolique où tout prend sens, où tout se boucle. C'est tellement simple, les romans. Un début, un milieu, une fin. Et hop, on passe à autre chose. Mais là, il n'y a pas de suite. La fin est totale. Cette chambre est celle d'un crime que je n'ai pas eu le droit de commettre dans mes propres livres : décor, odeurs, détails, je tente de tout recomposer, mais c'est impossible. Le fond même en devient accessoire. Tu es enfin entré dans la fiction pour devenir le personnage que tu ne parvenais pas à être dans le quotidien. Tu as été tué par ta part d'ombre, toi qui étais la part de lumière pour tant d'autres. Ton mystère est à jamais enfoui. L'énigme reste éternelle, mais n'est-ce pas le propre du suicide ?

Jamais je ne chercherai à expliquer ton geste. De quel droit ? Ce serait le monde à l'envers. Cette forme suprême de liberté est rétive à toute exégèse. Le suicidé emporte toujours le sens de son geste. C'est le moins qu'il puisse faire. Chercher à l'expliquer, à le justifier, serait obscène, ignoble. Et puis je crois que ça ne m'intéresse pas. Comme ne m'intéresse guère cette bidoche pourrie retrouvée au bout d'un petit mois. Comme ne m'intéressait guère ce cercueil que j'ai dû porter, avec tes frères, jusqu'au dernier trou, lors de cet étrange enterrement.

J'ai vraiment eu le sentiment de survoler la scène, comme dans un film. Inconsciemment, ce refus d'y adhérer était une barrière pour ne pas se laisser bouffer, j'imagine. Etrange impression de veuvage, tout en étant hors du coup, décalé.

Tout s'est passé de façon si douce, si évidente.

Ce train de potes, qui nous a conduits à Montélimar un jeudi matin. Cette voiture louée à la gare et que j'ai dû conduire, moi qui ne pilote jamais. Cette ambiance presque fenouillarde, perdu sur les routes de la Drôme, par une fin d'hiver où bourgeonnait déjà la nature. Les sourires de mes amis, qui avaient tous l'air plus tristes que moi. Je crois qu'ils étaient tristes *pour* moi. A leurs yeux, malgré les querelles des dernières années, tu restais ma moitié. Ils nous avaient connus ensemble et tous avaient de l'affection à revendre. Disons que, sitôt rencontré un Nicolas, ils avaient découvert l'autre. Je t'exhibais presque automatiquement à mes nouveaux amis, qui d'entrée de jeu devenaient les tiens. Ce n'était pas optionnel. Il y avait toujours deux Nicolas pour le prix d'un. Et si tu ne me présentais presque jamais tes propres rencontres, tes nouveaux amis, je ne t'en tenais pas rigueur ; ça aussi, ça faisait partie du jeu, du *deal*. Il y avait suffisamment à faire avec ma troupe. Ils te connaissaient moins ; en tous les cas depuis moins longtemps. C'est sans doute pour ça qu'ils ont été si terrassés par la nouvelle de ton suicide. Moi, ça m'a soulagé. Je crois que je peux le dire, maintenant. Tu es mort depuis deux ans, et depuis deux ans je respire mieux. Je respire mieux car tu ne respires plus. Je respire mieux car je ne te sens plus t'étouffer à chaque pas, te confire dans tes humiliations, suffoquer de rage, de dépit, d'aigreur, de frustrations. Le spectacle de tes impuissances avait fini par me faire un mal intime, et c'est aussi pour ça que je ne t'appelais plus. Tu étais devenu un autre sans jamais changer. Là était bien le problème. J'aurais accepté une métamorphose, pas une altération. Mais toi, tu avais décidé de pourrir avant de mourir. Ta décomposition était bien antérieure à ton suicide. Ton âme putréfiée n'avait eu qu'à suivre le sens des choses. Ce grand départ était prévu de longue date. L'esprit était prêt, ne restait qu'à libérer le corps. Des médocs et un doigt de vodka y auront suffi.

Voilà pourquoi la tristesse ne me terrassait pas. Voilà pourquoi, à côté de mes amis effondrés, avachis, défaits, j'affectais sans douleur ma proverbiale bonhomie, cette joie de vivre qui finissait par t'insulter, toi. Voilà pourquoi j'étais celui qui console, celui qui apaise. Celui qui tente de raisonner, de relativiser.

Pour Marie-Sophie, l'ex-femme de ma vie, tu étais plus qu'un ami. Un frère de misère, un enfant qu'elle couvait comme le sien.

Curieusement, j'étais avec elle quand j'ai appris ta mort. Tout s'est passé si naturellement : elle m'a pris dans ses bras et a pleuré, pleuré, pleuré.

Pas moi. A croire d'ailleurs que je ne sais plus pleurer (à part devant *Grey's Anatomy*, j'avoue). A quoi bon les larmes ? Je suis entouré de femmes qui pleurent pour huit. Et puis, je le répète, je n'étais pas triste. Bien sûr, j'avais du chagrin pour tes frères, pour tes parents. Pour toi, non. J'étais heureux. Sincèrement. Tout comme j'étais étrangement heureux durant cette messe d'enterrement, au sommet d'une colline inspirée de la Drôme provençale. Cette petite église de pierre. Ce cimetière posé sur l'à-pic. Quel plus beau théâtre pour le plus romantique de mes amis ? Werther aurait biché. Un Friedrich, ma parole !

Nous sommes arrivés bons derniers à la messe. Ta mère n'avait pas voulu commencer sans moi. Je suis entré dans la chapelle bondée avant de remonter la travée jusqu'au premier rang, devant toi. Cette chaise face au cercueil, de côté. Le nez dans le réel, brusquement. Ton nom gravé. Tes dates : 1974-2007. Tu étais mon aîné de six mois, et voilà que je serai plus vieux que toi.

Marie-Sophie s'est assise à côté de moi. Nouvelle ironie : elle m'avait quitté deux ans plus tôt alors que nous devions nous marier. Et voilà que nous nous retrouvions au premier rang d'une église, devant un prêtre en larmes avec qui j'avais été à l'école. Tu gardes l'esprit potache, mon gars. Et puis n'est-ce pas avec toi que je me suis marié, ce même jour ? Toi qui vomissais les catholiques tout en étant d'un mysticisme corrosif. Toi qui agonissais les curés. Toi avec qui j'avais acheté une chemise ecclésiastique pour me promener dans Rome et outrer les bigotes. Ainsi tu finissais comme tout le monde : au pied d'un crucifix, baigné de larmes. Les larmes de tout le monde, sauf les miennes. Je me répète : j'étais inondé d'un intense soulagement. Autour de moi, tout semblait respirer. Intensément. Ta tombe est comme la proue du navire depuis lequel j'écris cette lettre trop longtemps ajournée. Une sépulture de poète, giflée par le vent, à la merci des éléments, comme ton visage agressif et passionné lorsque tu partais seul en bateau à voile, quitte à dessaler et à nous insulter. Dieu que je respirais bien ; dieu que je respire bien, depuis ! Albatros, je te sais déployé. Pendant tant d'années tu as fait peser sur moi – sur nous – cette culpabilité larvée, cette atmosphère de catastrophe générale. Prophète millénariste égaré dans ton siècle, tu nous empêchais de penser jusque par tes absences. Combien de livres me suis-je interdit d'aimer parce que tu les aurais condamnés ; combien de musiques devais-je écouter en cachette, combien de films visionnais-je en catimini, sans en parler à quiconque, de peur que cela te vienne aux oreilles ? Cela a un nom : le terrorisme intellectuel. Mais je m'y livrais avec une servitude volontaire. J'y sacrifiais sans déplaisir, conscient (ou non) que cela n'aurait qu'un temps, que cela forgerait mes goûts, que cela me mithridatiserait contre la médiocrité, la nullité artistique, la bassesse créatrice ; que cela forgerait ma sensibilité. Impossible de découvrir une œuvre sans t'en rendre compte ; impossible de se plonger dans un univers artistique sans te le signaler.

Tes oukases étaient souvent implacables : « C'est de la merde » ; « C'est affligeant. »

Certes, je ne me laissais pas toujours influencer. Mais le goût en était altéré. Tes opinions faisaient gâte-sauce. Et il m'aura fallu du temps pour me départir de ces opinions toutes faites, remarquablement étayées, que je finissais par régurgiter comme venant de moi-même. Voilà pourquoi ton absence ne me pèse pas. Tu es en moi, partout, tout le temps, même la nuit. Ton essence s'est intégrée à mon jugement. Je ne peux pas apprécier quelque chose sans – inconsciemment, certes – le lire par le prisme de ta propre sensibilité, fût-elle d'outre-tombe.

Voilà donc pourquoi ta mort me libérait, comme celle d'un gourou. C'était la douce pagaille qui suit la mort de *Don Giovanni*, dans l'opéra de Mozart. Brusquement, les personnages arpentent la scène, perdus et libres. Ils ont gagné l'indépendance, il va maintenant falloir vivre. Car c'est à ça que tu nous autorisais : la vie. Depuis des années tu faisais peser sur nous le poids de tes impuissances. Sur moi, surtout. Sans doute parce que tu ne pouvais pas évoquer tes fantômes les plus douloureux. J'ai pourtant fini par les connaître, les comprendre, presque les aimer. Mais il était trop tard. Nous étions à la fois trop proches et trop lâches pour les prendre de front. Nous avons préféré biaiser. Peut-être aurions-nous dû avoir cette grande conversation que jamais nous n'eûmes et qui fait toujours de toi une énigme. Peu importe. Je n'aurais sans doute pas écrit cette lettre, qui n'est ni un plaisir, ni un soulagement, ni une souffrance. J'y dis des choses qui devaient être dites, c'est tout. Après ça, je passerai à autre chose, comme je fais toujours dans ma vie.

Il ne se passe pas un jour que je ne pense à toi. Sans chagrin mais avec nostalgie. J'aurais aimé entendre tes diatribes sur la vie depuis janvier 2007. Mais franchement, tu ne rates pas grand-chose. Le monde comme il va est une vallée de bassesse. Du haut de ton piton, tu le domines d'un œil froncé et piquant, le sourire en coin, en attendant de nous revoir, si Dieu veut.

A tout de suite.

Nicolas

Queen Mary II, 9-14 avril 2009

Du même auteur

Dans la même collection

L'Autre fille, Annie Ernaux
Vincennes, Bruno Tessarech

Composé par Nord Compo Multimédia
7, rue de Fives, 59650 Villeneuve-d'Ascq

Cet ouvrage a été achevé d'imprimer en février 2011
sur les presses de Normandie Roto Impression s.a.s.
à Lonrai (Orne)
N° d'édition : 51450/01 – N° d'impression : 110393
Dépôt légal : mars 2011
Imprimé en France